A magia da motivação

Aviso de isenção de responsabilidade:

Observe que as informações contidas neste documento são apenas para fins educacionais e de entretenimento. Foram feitas todas as tentativas para fornecer informações completas, precisas, atualizadas e confiáveis. Nenhuma garantia de qualquer tipo é expressa ou implícita. Os leitores reconhecem que o autor não está envolvido na prestação de aconselhamento jurídico, financeiro, médico ou profissional.

Ao ler este documento, o leitor concorda que, sob nenhuma circunstância, somos responsáveis por quaisquer perdas, diretas ou indiretas, incorridas como resultado do uso das informações contidas neste documento, incluindo, entre outras, espelhos, omissões , ou imprecisões.

ÍNDICE

Introdução

Motivação é algo que todo mundo tem dentro de si. Quando queremos fazer algo, é porque estamos motivados a fazê-lo. As pessoas inventam, descobrem, aventuram-se e interagem devido à motivação dentro delas. Há muitas coisas diferentes que podem motivá-lo a fazer algo, e até mesmo a não fazer algo, em sua vida.

A única maneira de entender a motivação é se relacionar com as situações em que você precisa dela, e isso acontece por toda parte. Não existe uma pessoa que possa afirmar que nunca foi motivada a fazer algo. Bom, ruim, altruísta, egoísta, todos são membros da família da motivação. E este livro o levará a uma jornada em que você poderá encontrar maneiras de aproveitar ao máximo sua motivação.

CHAPTER 1

WHAT IS MOTIVATION?

Capítulo 1

O que é motivaçao?

Seguindo a definição do dicionário, Motivação é definida como: "Uma razão ou conjunto de razões para realizar algo ou se comportar de uma maneira específica". É uma forma de força matriz que todos nós temos, que pressiona o próprio pedal quando vê oportunidades.

Por exemplo, quando você vê um anúncio para uma nova vaga e procura algo novo ou diferente, a voz de sua mente não diz 'por que não?' E mesmo que você não esteja procurando algo novo ou diferente, a motivação pode levá-lo a fazer a mesma pergunta em qualquer caso.

Para simplificar, a motivação se torna a ambição próspera de realizar algo na vida. Essa motivação pode ajudá-lo a descobrir problemas quando estiver emperrado, superar emoções avassaladoras e ajudá-lo a buscar novos patamares.

Todos temos ambições, sonhos e aspirações e quanto mais você permitir que sua motivação o inspire, mais você pode fazer.

Também pode ajudá-lo a superar hábitos. Coisas como beber e fumar podem parar quando você está motivado a ver o fim. Caso contrário, é difícil dedicar-se a algo se você o fizer com relutância.

No entanto, com motivação, você é movido por um sentimento de vontade e inspiração que o torna muito mais pronto para agir a favor ou contra si mesmo.

Por que você precisa de motivação?

á pouco para debater que a motivação é a chave para o progresso. Todos evem desenvolver suas próprias paixões para evoluir na vida. Quando você uer crescer ou melhorar, precisa tentar coisas novas. Sem isso, você não onseguirá coisas como auto-reconhecimento e respeito, que são aspectos vitais n uma vida saudável.

'ocê pode não perceber, mas se motiva todos os dias de muitas maneiras equenas. Por exemplo, agora, você acabou de se motivar a ler este livro. rovavelmente, você está aqui porque gostaria de melhorar alguns aspectos da ia vida.

u, em um nível mais genérico, você começa a trabalhar porque existe a otivação de um salário no final do mês. Você trabalha duro para obter conhecimento entre os colegas, ou talvez a capacidade de fazer algo que você na o motive a acordar todas as manhãs e ir trabalhar.

e você tem um ótimo chefe no trabalho, alguém que tira um tempo para nhecer seus funcionários ou aprecia um trabalho bem feito, talvez seja isso ie o motive a ir trabalhar e dar o seu melhor.

Questões do local de trabalho à parte, você também se motiva em muitas situações cotidianas. Se você é doador ou alguém que deseja ajudar outras pessoas, pode estar motivado a doar seu tempo ou dinheiro para uma causa. Se você é motivado por um desejo de conquista, pode passar horas estudando apenas para ingressar em uma universidade de prestígio.

Da mesma forma, se a auto-expressão o impulsiona, você pode estar motivado a se tornar um escritor ou se você é um atleta, então talvez você seja motivado pela emoção de um esporte, pelo desafio de vencer o jogo ou simplesmente pelo esporte, jogando no seu melhor pessoal.

Na sua forma mais simples, é isso que é a motivação. Pode vir de você mesmo, ou alguém pode pressioná-lo a fazer alguma coisa. Onde quer que seja a fonte, a motivação é a iniciativa de ter sucesso e superar os limites que você ou qualquer outra pessoa desenha para si.

Existem muitas situações em que a motivação pode afetar suas decisões, mas nem todas são do mesmo motivador. Algumas coisas exigem um grande passo para agir, enquanto outras, como as mencionadas acima, só precisam de um empurrãozinho para você avançar. Essa é a mágica da motivação.

Tipos de motivação em sua vida.

Existem diferentes motivadores que ocorrem em sua vida para ajudá-lo a seguir em frente. Alguns motivadores são grandes, como largar um emprego ou mudar de uma cidade para outra. Esses motivadores colocam você em pé para mudar quase imediatamente. Você vai precisar de um emprego, então precisa trabalhar para um o mais rápido possível.

Um motivador menor pode estar relacionado a você conseguir um acordo de dois por um, por tempo limitado no shopping. Você pode não perceber, mas nesse exato momento você está motivado a aceitar o acordo e comprar o produto. Pode ser o golpe típico do mercado, mas é o exemplo ideal de motivação, pois permite que você aja rapidamente, estabelecendo um prazo para o negócio.

Além dos grandes e pequenos motivadores, existem motivadores positivos e negativos.

Motivadores positivos são aqueles que o inspiram a fazer algo porque você sabe que o resultado final é bom. Um exemplo poderia ser montar um berço.

Pode ser muito trabalhoso, especialmente se esta for sua primeira tentativa. Mas você está pronto para fazê-lo, porque sabe que precisará de uma cama para colocar seu filho. Isso prova ser um motivador suficiente para os pais e eles voluntariamente montam o berço para o filho.

Ser seu próprio chefe pode significar trabalhar 80 horas por semana, mas poupa o trabalho de trabalhar 40 horas por semana para outra pessoa. Em outras palavras, isso lhe dá a liberdade de tomar suas próprias decisões e trabalhar com um sentimento de valor próprio. Estes são os motivadores positivos.

Motivadores negativos são aquelas coisas na vida que o incentivam a fazer algo, porque você sabe que se não o fizer, terá um sabor residual ruim. Isso não torna os motivadores negativos a alternativa de motivadores positivos, embora.

Com um motivador positivo, você age por vontade própria. No entanto, motivadores negativos são muito necessários, mas você não o faz inteiramente por vontade própria.

Os prazos são os melhores exemplos para este caso. Quando você recebe um prazo, isso significa que você precisa entregar o trabalho ou enfrentar as conseqüências que não deseja.

Portanto, o motivador que faz com que você termine seu trabalho a tempo é evitar o possível resultado adverso, tornando-o um motivador negativo. Eles podem ser irritantes, mas às vezes é a única maneira de fazer as coisas.

Embora todas essas coisas motivem, também pode haver situações em que elas desmotivam você. Como a terceira lei de Newton, para toda ação, há uma reação igual e oposta.

Motivação e desmotivação

A motivação ajuda você a transformar uma idéia em ação e geralmente é um sentimento positivo; o sentimento de realização e compromisso.

Desmotivação é o oposto disso. É a percepção de que você não pode realizar nada, é incapaz ou inadequado e é uma sensação sombria de se carregar. Como um tijolo puxando seu estômago, isso faz você se sentir mal e, em casos comuns, letárgico.

A desmotivação nem sempre está no seu controle. Um dia ruim ou experiências ruins podem impedir você de fazer algo a respeito, fazendo com que você se sinta mal consigo mesmo. Você pode ter tido uma experiência horrível ao dirigir na sua primeira tentativa e não importa quantas vezes tente ou diga a si mesmo que será diferente da próxima vez, você sucumbe ao fracasso anterior.

Enquanto uma pessoa pode se sentir motivada por uma promoção, outra pode ser desmotivada por ela. A primeira pessoa aqui vê isso como uma oportunidade ideal para alcançar uma posição mais alta no trabalho entre seus colegas. A segunda pessoa pode se sentir desmotivada porque sabe que suas chances de conseguir a promoção são menores que a primeira pessoa.

Este é um exemplo de motivação positiva, mas, ao mesmo tempo, é um método não intencional de desmotivar outra pessoa.

Portanto, embora você possa se sentir motivado a trazer uma torta de maçã crocante para o piquenique, alguém pode se sentir desmotivado porque sua torta é a melhor e não trazer a sua própria torta. Às vezes, está fora de controle você desmotivar os outros, mas às vezes é e leva uma pequena consideração para ver.

Simplesmente, há momentos em que você será desmotivado e isso nunca é bom. Mas emoções desmotivadas nunca devem mantê-lo deprimido e, em vez disso, lembrá-lo de que há algo a ser feito, e se você não o fizer, quem mais fará isso por você?

ortanto, a idéia básica aqui é que a desmotivação é o efeito de oposição da
otivação. É um bloqueio que impede você de se motivar e sua cura é, se
ouver, motivação.

CHAPTER

2

THE MIND
GAME OF
MOTIVATION

Capítulo 2

O jogo da mente motivada

conceito de motivação não é físico. Você não pode tocar na motivação como fosse um objeto a atingir. A motivação se assemelha a uma emoção, ou a uma oleção deles que o estimulam a executar uma ação.

um aspecto da sua personalidade que somente você pode controlar. E é por so que cada pessoa pode ter diferentes motivadores e perspectivas sobre o que s incentiva a fazer algo.

omo as emoções são os estimuladores de sua motivação, lidar com seus notivadores pode ser sensível. Quando a motivação surge por causa de uma nudança ou reação imediata e repentina na vida, sua resposta emocional pode car embaçada para uma perspectiva errada.

e o seu motivador levou algum tempo para se desenvolver devido a raciocínio inquisição, você pode ter uma maior aderência e compreensão do seu notivador. Como resultado, isso pode gerar uma abordagem mais forte e mais sensível às suas emoções recém-exaltadas.

De onde vem a motivação?

Como mencionado acima, a motivação não é uma coisa física. É mais fácil comparar suas emoções, pois são os principais benfeitores de sua motivação. Dependendo de como você se sente em relação a uma determinada situação, a motivação pode variar de acordo com a ocasião e a pessoa.

Em outras palavras, a motivação vem da mente. Esse é um dos principais motivos pelos quais você pode achar muito fácil ou muito difícil se motivar. Mas para a maioria, a motivação não é fácil, é como um hábito e é difícil se livrar dos hábitos.

Ao mudar alguma coisa a seu respeito, você descobrirá que sua mentalidade é o fator de bloqueio para se tornar uma pessoa mais nova. Se você acredita que merece o melhor dos melhores, será mais difícil convencê-lo ou motivá-lo a fazer algo abaixo das suas expectativas.

Se você é mais adaptável, encontrar motivadores pode ser um pouco mais fácil, pois uma mente aberta encontra oportunidades com mais frequência.

Hábitos como procrastinação, manter tudo arrumado ou autoconsciência são hábitos naturais que as pessoas podem ter com ou sem perceber. São coisas como essas que podem afetar o que te motiva.

Se você procrastinar, os prazos provavelmente são as únicas coisas no seu caminho para fazer algo, e apenas no último segundo. Ser organizado e arrumado pode significar que sua motivação continua a evitar desastres. A autoconsciência pode motivá-lo a procurar o seu melhor diariamente, exercitar-se e parecer prestigioso para todos.

Mas ninguém nasce sendo uma pessoa motivada. À medida que você se desenvolve e se torna sua persona individual, você também desenvolve sua perseverança, iniciativa e senso de responsabilidade. Como todas essas qualidades se combinam para motivar, você também tem seu próprio motivador cantando no fundo da sua mente.

Pode ser uma voz forte e solidária crescendo em seus pensamentos o tempo todo, ajudando-o a atingir os objetivos mais altos que deseja alcançar. Também pode ser um apito silencioso que gosta de perguntar levemente "e se" ou "por que não?" De vez em quando. Pode sempre estar lá ou aparecer de vez em quando. Tudo depende.

Essencialmente, a motivação é um jogo mental, e a única maneira de controlar sua motivação é entender sua personalidade. O que faz você? E responda a uma pergunta como qual é sua opinião sobre sua própria vida?

Visão respectiva da vida

A motivação depende de você, uma ideia agora bem estabelecida. Então, o que é que te motiva? Você pode não saber, mas toda a sua vida até este momento se baseia na sua motivação.

Você é alguém que faz alguma coisa porque acha pessoalmente gratificante? Ou é porque você deseja receber elogios dos outros?

Se você é o primeiro tipo, é motivado por uma motivação intrínseca. Quando algo de dentro o leva, você acaba fazendo as coisas que gosta. Isso também significa que é menos provável que você se distraia, sentirá maior satisfação por suas realizações e será impulsionado por um maior senso de propósito.

Como alternativa, se você é pressionado pelo desejo de obter um prêmio específico ou evitar uma punição, sua motivação é proveniente de uma

onte externa. Isso é chamado de motivação extrínseca e pode ser um
motivador altamente eficaz por si só.

que você deseja na vida? É auto-reconhecimento ou uma grande renda? Isso
eterminará se você é o tipo de pessoa motivada por paixão e autodescoberta
u negócios que visam lucrar.

or exemplo, o dono de uma loja de animais pode ser alguém apaixonado por
nimais ou ter experiência com eles e ajudá-los a encontrar famílias.

m gerente, por outro lado, é alguém que considera a autoridade um motivador
ara mantê-lo no comando e em ordem. Eles gostam da posição mais alta em
ma organização e são capazes de aguentar o calor de se sentar na cadeira
uente.

Outros podem se assustar ao lidar com animais ou se prender sob
a pressão da autoridade, com medo de não conseguirem lidar com
isso. Assim, enquanto uma pessoa vive para ser um líder, outra
pessoa pode gostar de se sentar a uma distância mais segura do
caos.

nde você se vê também é vital para sua força motivacional. Você se sente
onfiante em suas próprias habilidades ou acha que elas não estão à altura dos
utros? As opiniões dos outros realmente importam?

Você está bem com o que o mundo tem a oferecer ou está pronto para caçar o que acha que merece? Todos esses fatores levam ao que realmente te motiva.

Seu maior inimigo

Se você responder a essas perguntas, perceberá que a única coisa em seu caminho é você mesma. Ninguém pode impedi-lo completamente de estar onde você precisa ou quer estar. A única pessoa que você tem que conquistar é você mesmo.

É difícil mudar de seus hábitos materiais para sua personalidade. Enquanto outros podem dizer que você pode fazer algo e invocá-lo a experimentar coisas novas, talvez sejam seus próprios pensamentos que estão impedindo você.

Sentir-se inseguro consigo mesmo é a principal razão pela qual a maioria das pessoas não ouve a motivação ao fazer algo novo. A insegurança impede que você se comprometa com empreendimentos mais brilhantes e desconhecidos. Se você não se sente bem consigo mesmo, como vai se sentir bem com mais alguma coisa?

utra questão que muitas vezes pode desmotivar ou motivar a fazer coisas ovas seria ignorância e orgulho. Algumas pessoas se recusam a se abrir entalmente a novas experiências ou idéias, o que significa que a motivação ão as encoraja a descobrir novas oportunidades, mas sim a se manter no seu róprio jogo.

ais uma vez, a motivação é algo que cada indivíduo tem, e a ideia é que a otivação difere de cada pessoa com base nos desejos e necessidades pessoais.

ssim, enquanto uma pessoa acredita que ir à praia é uma idéia divertida e nta ir à praia em seu tempo livre, outra pessoa pode ver isso como um ncômodo. É mais facil se motivar a ficar em casa e desfrutar de um dia anquilo dentro de casa.

) que pode fazer você mudar a si mesmo é inteiramente VOCÊ.

Sempre que você sente que não pode se esforçar para fazer algo, ninguém mais o impede, apenas a si mesmo. Tentar novas idéias e experimentar coisas incomuns é todo progresso no autodesenvolvimento e só pode colher benefícios frutíferos. É por isso que, ao considerar algo novo, é sempre bom olhar para o lado positivo com a mente aberta.

Se você pode conquistar suas próprias emoções, não há nada em seu caminho.

3

WHAT
IS

Capítulo 3

O que é Desmotivação?

Desmotivação é a chave para ser letárgico e sem entusiasmo. Se você conhece essas palavras, sabe que elas não descrevem nada de bom. A motivação age como um estímulo para a maioria das pessoas. Desmotivação é o efeito contrário a isso.

A desmotivação impede você de alcançar. Isso pode ser devido a dúvidas ou vulnerabilidades. Ser vulnerável faz de você um alvo mais fácil para desencorajar as palavras que algumas pessoas podem ter a dizer. O impacto das realizações de outras pessoas pode fazer com que a sua pareça minúscula, o que não é verdade. Isso não impede que seja uma conquista, é apenas sua mente brincando com você.

Quedas de desmotivados restantes

A desmotivação impede você de experimentar coisas novas. Quando você está desmotivado, tudo parece maior que você, te fazendo sentir pequeno e

significante. Certamente não é uma sensação boa e, quanto mais tempo fica,
ais incorporado fica.

natural permitir que algo o desmonte por um tempo. Algumas pessoas
nsam que suas aparências e qualidades físicas estão impedindo-as de
cançar algo ótimo. Outros acreditam que não podem operar em um nível
mpatível com a concorrência e, portanto, nem tentam. A maioria das pessoas
nte que é fraca demais para competir consigo mesma e as mudanças que se
guem podem ser demais para lidar.

a motivação ajuda você a progredir, aprender e se tornar uma pessoa
elhor, não é difícil descobrir o que a desmotivação fará por você. A
smotivação trabalha para combater tudo o que a motivação realiza para você.
por isso que você nunca deve deixá-lo encher seu sistema.

Nunca aceite desmotivar pensamentos e sentimentos sobre si mesmo. desmotivação é como um parasita ou um vírus. Quanto mais tempo você deix mais forte fica. Se você deixar em paz por muito tempo, isso se tornará um parte insubstituível de você.

De repente, as oportunidades de emprego parecem estar fora do seu alcance. S parar de fazer algo, por exemplo, fumar, parece impossível. Você aceita o que e não de uma maneira positiva.

desmotivação faz com que você aceite a pessoa indigna que percebe. A motivação pode ajudá-lo a aceitar o maior você e suas possibilidades e aspirações. A desmotivação diminui a luz do seu caráter e personalidade, criando um ciclo mais sombrio e interminável de uma vida entediante e auto-indulgente.

Com um conceito de mente desmotivado, você nunca alcançará todo o potencial oculto que precisa obter. O potencial pelo qual a motivação poderia ajudá-lo a se esforçar, se torna um brilho desvanecido no fundo de sua mente, muito longe do seu alcance e nunca atingível.

É por isso que a motivação é tão importante em sua vida. Superar a desmotivação, escritores ou bloqueio de artistas; coto mental; o que você quiser chamar é difícil, mas não impossível.

Como vencer a Desmotivação

Perceber o que está desmotivando você é o primeiro passo. Pode ser complicado a princípio, decifrar suas próprias ações para perceber o que as está causando.

Você pode meditar por um momento tranquilo para se lembrar. Conversar com um terapeuta também é uma ótima maneira de se ajudar a entender mais sobre sua personalidade.

A desmotivação pode vir das palavras de outra pessoa ou de algo que você já viu em experiências passadas. Você pode simplesmente não ter o entusiasmo necessário para se comprometer com qualquer coisa.

É normal e possível conquistar. Falar é a melhor maneira de perceber que existe um bloqueio em sua mente impedindo que você tome medidas maiores e mais fortes.

Depois de descobrir o que o mantém deprimido, você pode tomar medidas para evitar que isso aconteça na sua vida. Um ótimo passo a fazer é sair da sua zona de conforto.

Vá ver coisas novas e converse com as pessoas sobre segredos que você nunca compartilhou. Confie a alguém suas lutas, alguém que você conhece nunca deixaria você.

Uma mão amiga é sempre melhor quando você está tentando escalar uma montanha por conta própria. Embora eles não tenham a mesma mente que a sua, eles podem ajudar a fortalecer a sua com conselhos e apoio. Se pelo menos uma pessoa puder ajudar, basta.

Depois de encontrar ajuda, você pode criar uma lista de todas as coisas que deseja fazer, mesmo que algumas dessas idéias pareçam loucas. Eles são suas ambições e não têm nada para se envergonhar.

Pendure sua lista em algum lugar que você possa vê-la todos os dias. No espelho do banheiro, na cozinha ou até na porta do seu quarto. Em algum lugar que você sabe que sempre estará na sua cara, lembrando que está lá.

Um lembrete das coisas que você deseja fazer pode ajudar a desencadear a motivação em seu coração. Peça ao seu amigo de confiança para empurrá-lo, levá-lo a novos lugares e até tentar ir a novas áreas por conta própria.

Pequenos passos, como dar um passeio todas as manhãs ou tomar uma nova bebida todos os dias, podem incentivar a chama motivacional do seu coração até você acender o fogo.

Por que você se deixa desmotivado?

O maior motivo é simplesmente porque é a saída mais fácil. Mesmo sabendo que permanecer desmotivado nunca fará as coisas acontecerem, algumas pessoas realmente querem que isso aconteça. Lá existem várias razões pelas quais algumas pessoas se sentem desmotivadas.

Permanecer desmotivado para pegar suas peças e fazer uma mudança significa que nenhuma mudança jamais ocorrerá. Mais adiante, discutiremos por que a mudança é um grande passo necessário, mas o fato é que algumas pessoas têm medo de mudar. Ninguém pode ter certeza absoluta do que acontecerá quando a mudança chegar.

Se você decidir não fazer nada sobre o andamento de sua vida, quem é? Algumas pessoas gostam da ideia de não ter que seguir em frente e permanecer exatamente onde estão. O que você pode não perceber é que, enquanto relaxa em sua própria bolha, aqueles ao seu redor ficam presos ao seu lado. Eles podem ter que ficar parados desde que você se recusa a se mudar.

Outro motivo é um pouco mais sério do que permanecer na sua bolha de segurança. Algumas pessoas simplesmente não têm motivação. Emoções desmotivadas e motivadas estão constantemente se combatendo. Se você não tem nenhuma motivação, o que vai te ajudar a acabar com todas as suas emoções desmotivadas?

Desmotivação é fácil. Algumas pessoas podem até ser consideradas campeãs por abusar das vantagens letárgicas de não fazer nada o tempo todo. Eles vão colocar a culpa em tudo e em todos os outros

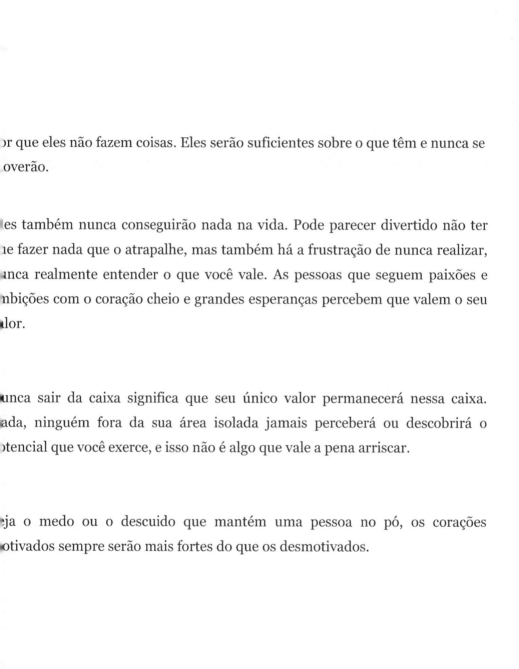

or que eles não fazem coisas. Eles serão suficientes sobre o que têm e nunca se
overão.

es também nunca conseguirão nada na vida. Pode parecer divertido não ter
ie fazer nada que o atrapalhe, mas também há a frustração de nunca realizar,
inca realmente entender o que você vale. As pessoas que seguem paixões e
nbições com o coração cheio e grandes esperanças percebem que valem o seu
lor.

inca sair da caixa significa que seu único valor permanecerá nessa caixa.
ada, ninguém fora da sua área isolada jamais perceberá ou descobrirá o
itencial que você exerce, e isso não é algo que vale a pena arriscar.

ja o medo ou o descuido que mantém uma pessoa no pó, os corações
otivados sempre serão mais fortes do que os desmotivados.

CHAPTER 4

MOTIVATION IN YOUR PERSONAL LIFE

Capítulo 4

Motivação na sua vida pessoal

odo mundo tem sua própria vida acontecendo entre outros. A coisa mais fácil ue você pode fazer é se concentrar em si mesmo e, às vezes, tudo bem. Quanto ais você aprender sobre si mesmo, mais fácil será permitir que outras pessoas ntrem em sua vida.

Jma razão pela qual uma pessoa pode evitar a interação é porque não tem ɛrteza nem segurança sobre si mesma e, portanto, tem medo de se ıvergonhar quando está perto de outras pessoas. Ao ver pessoas confiantes ɪminharem com o hauteur, a compreensão e as realizações mútuas fazem com ue aqueles que não têm isso se sintam cautelosos.

ma maneira de realmente entender quem você é, é lembrando todas as noções que sente e o que elas provocam em suas ações. Qual é o seu motivo ɔdos os dias?

Tarefas diárias

Todos os dias somos motivados por algo. De manhã, você se levanta, toma banho, come, troca de roupa e vai trabalhar. Você pode dizer que é rotineiro, mas a pergunta é: o que o está obrigando a fazer tudo isso? A resposta é simples e clara: Motivação.

Você está motivado a cheirar bem e se manter limpo antes de estar perto de outras pessoas, caso contrário, as pessoas poderão sentir o cheiro da sua última refeição no hálito.

Você come porque sabe que precisa sobreviver. É uma obrigação e, portanto, você se motiva a comer pelo menos antes de ir trabalhar para tirá-lo do caminho.

Você está motivado para mudar porque não quer se sentir prejudicado usando as mesmas roupas fedorentas em que dorme à noite perto de seus colegas.

Todos os dias, durante todo o dia, fazemos escolhas subconscientes porque elas se tornaram hábitos. Se alguém lhe perguntasse por que você escova os dentes, o que você diria? Porque eu preciso, seria a primeira resposta a aparecer em sua mente.

Mas faça a mesma pergunta novamente. Por que você escova os dentes todos os dias? É porque você sabe que os dentes podem ser danificados se você não os limpar, quer ter um sorriso perfeito ou está com medo de ter dentes que os outros não gostam? O que o motiva pessoalmente a manter os dentes limpos e por quantas vezes por dia?

Desenvolvimento pessoal

Quando você se motiva, avança. Não há como voltar depois que você fez uma escolha e a motivação tenta garantir que a etapa que você deu foi a maior que você pode dar.

Com suas próprias personalidades individuais, você deseja mudar para um destino final e, em seguida, possivelmente mais. À medida que você dá passos, você, como pessoa, se torna ainda mais uma persona.

Alguém pode sentir algo que você nunca sentiu, fazer algo que você nunca faria e não entender por que é a coisa mais frustrante do mundo. É por isso que você quer se tornar mais, ver, conhecer e entender mais. Não há um topo a alcançar, mas sempre existe o próximo nível.

O que todos querem é ver a que altura vão e onde encontram um lugar em que possam se orgulhar. Isso é desenvolvimento pessoal. Queremos mudar, queremos sobreviver e queremos agradar. Agradaremos aqueles que conhecemos, aqueles que não fazemos e o mais importante, a nós mesmos.

Para se tornar uma pessoa melhor, precisamos entender o que significa ser uma pessoa e isso só acontece quando damos a cara a tapa.

aventurar no sistema real que o homem criou mostra o que o mundo tem a erecer. É isso que nos torna inteiros e cheios.

Por que você se esforça para obter mais

ão há razão exata para que uma pessoa queira suportar as dificuldades de guir em frente. Todos trabalharão de maneira diferente de outra pessoa, as ticas para o topo não serão as mesmas para os outros. Trapaças e mentiras dem levar uma pessoa a alcançar onde elas querem estar. Sendo gentil, a mão niga e o amigo solidário ganharão a outra pessoa um nome gravitado.

maioria das pessoas quer reconhecimento. Perceber o que você vive é uma rgunta difícil de responder, e a verdade é que não há resposta afirmativa que ssa ser entregue a você. A resposta para esta pergunta está no caráter de cada divíduo. De quem vem, desde que chegue até nós, sentimos que há algo que le a pena fazer.

na pessoa gosta de ajudar os outros e a si mesmos, outra quer fazer uma claração que todos ouvirão. O que você faz para ajudar os outros e qual é a a declaração depende de você. O fato é que você finalmente quer o resultado, eação final.

Ninguém pára até conseguir o que os satisfaz. A satisfação é a chave para saber que sua motivação valeu a pena fazer de você quem você é. Enquanto alguém ainda estiver conosco ou à nossa frente, seguiremos em frente.

Semelhante a uma pedra rolante, não há outro caminho a percorrer além de avançar.

CHAPTER

5

MASTERING YOUR
MISTAKES

Capítulo 5

Dominando seus erros

Motivação e motivações são ótimas, mas é importante lembrar que erros serão cometidos no caminho. Isso é algo que todos experimentam e temem ao mesmo tempo. Alguns aprendem com seus erros, nunca deixando que eles atrapalhem sua motivação, enquanto outros são desmotivados.

Todo mundo tem medo de erros e a principal razão é o julgamento. Todo mundo tem medo de ser julgado por aqueles superiores a eles e perto deles.

A verdade é que não há problema em ser julgado com a única condição em que você acredita em si mesmo. Você cometeu um erro e pode alcançá-lo, aceitá-lo admiti-lo. Suas decisões são suas para fazer de você quem você é.

Se você não tomar suas próprias decisões, nunca será verdadeiramente sua própria pessoa. Outras pessoas podem manipular, incentivar e influencia-lo, nas é a decisão que você toma depois que o torna um indivíduo.

e isso parecer muito inspirador, pense nos passos do bebê. Se uma criança
unca caísse ao tentar andar, nunca desenvolveria o medo de cair ou o amor de
icar em pé corretamente sem desmaiar.

) colapso mostra o que acontece se você andar sem equilíbrio, e eles procuram
onquistá-lo para andar como todo mundo. Não importa a sua idade, a
notivação nos leva a crescer e os erros são os trampolins para o sucesso ao
ongo do caminho.

Mudança em cada etapa

'om cada escolha que você fizer, haverá mudanças e mudanças podem trazer
rros. Da mesma forma, erros podem trazer mudanças. Para esclarecer, um
timo exemplo seria caminhar por um novo caminho. Em vez de seguir o
nesmo caminho todos os dias, você adota um novo.

Primeiro vem o poder da motivação.

 Depois de seguir o mesmo caminho todos os dias, fica um pouco chato. Agora você descobriu que um caminho diferente leva ao mesmo destino e você tem acesso a ele. Pode ser mais longo, pode ser mais curto. Cabe a você descobrir.

Esse ato de motivação para descobrir trará mudanças. Você verá coisas novas enquanto caminha, você verá o ambiente, se familiarizará com ele e verá novos rostos ao longo do caminho. Você pode até cometer erros enquanto o faz.

ualquer erro inocente simples como tropeçar em uma rachadura que você não
bia que estava lá. Os moradores da vizinhança podem não cometer esse erro
orque sabiam, mas você não, e esse foi o seu erro. É isso que a mudança pode
erecer.

mudança traz consigo experiência, conhecimento e desenvolvimento, se você
der superar todos os erros inevitáveis. Erros não são nada para se
vergonhar, e nunca se deve temer mudanças.

ma coisa que as pessoas parecem não se mexer é que a mudança é como um
co na calada da noite, você não sabe o que espera no final.

efinitivamente, isso pode fazer com que as mudanças pareçam intimidadoras.
á casos maiores do que caminhar por uma nova estrada, como caminhar por
n novo mundo em um país diferente. É um grupo completamente diferente de
ssoas ao seu redor, com expectativas diferentes, ambientes diferentes e
entalidades diferentes. Você definitivamente não quer tropeçar aqui. Mas
cê pode, e quem disse alguma coisa sobre isso?

gora você sabe. Você se familiarizou com a mudança, um novo lugar e pessoas,
les não são mais novos. Você sabe mais e entende mais andando pelo beco e,
repente, não está tão escuro.

Como os erros podem ajudá-lo

Os erros podem trazer mudanças em você de maneira positiva somente se você tiver uma crença fortalecedora em torno da palavra "erros" ou "falhas". Os erros não estão aqui para puni-lo, mas para ensiná-lo que sempre existe uma maneira melhor. Eles são um ciclo contínuo que ajuda você a progredir para melhorar a si mesmo.

Voltando à sua caminhada, quando você caminhou por esse novo caminho e tropeçou na rachadura, aprendeu alguma coisa. Agora você sabe que há uma rachadura na calçada e na próxima vez que passar por lá, você estará atento. Esse erro te ensinou algo e da próxima vez, você não cometerá esse erro.

Aprender com o erro para que você não o faça novamente trouxe mudança. Essa mudança ajudará você a não cometer o mesmo erro, para que você possa continuar seguindo esse caminho. Você pode até começar a prestar mais atenção à estrada a partir deste momento, que é outra mudança provocada pelo erro que você cometeu.

Se você não tivesse seguido esse caminho, nunca teria tropeçado e aprendido que existem fendas na calçada, o que significa que nunca desenvolveria consciência disso. Tropeçar em uma rachadura é uma coisa tão insignificante de se fazer, mas há muito por trás da ação que ocorre depois.

por isso que você nunca pode esquecer seus erros. São lições disfarçadas.

las a verdadeira questão é: o que começou essa aventura em uma calçada nassada? A pequena onda de motivação que você teve que percorrer a nova strada é o que tornou isso possível. Sem motivação para fazer as coisas, não omos nada. Sem os erros que cometemos, nunca aprenderemos.

m inventor cria uma máquina defeituosa que não funciona. Um empresário z uma escolha de vendas que não vende. Uma mãe decide fazer um novo rato que não acaba sendo cinco estrelas. Todas essas ações acabaram sendo enos que perfeitas.

las isso ainda significa que o inventor se sentiu motivado a fabricar a áquina, o empresário se sentiu motivado a fazer novas vendas e a mãe queria xperimentar novas receitas. Agora todos sabem melhor devido aos seus erros e zem uma escolha com base nisso.

les aceitarão a derrota e nunca tentarão novamente, ou aprenderão com o erro tentarão novamente fazer algo novo e criativo. A evolução é baseada em erros, os erros nunca devem ser o que desmotiva você.

Sem dor, sem ganho.

Erros significam que você aceita a queda. Se você faz algo errado, acidentalmente ou de propósito, por uma questão de curiosidade, cometeu um erro. Agora depende de você aprender ou evitar. Um erro deve ser admitido antes que você possa aprender algo com ele.

Não é um erro fazer algo de propósito com os meios de infligir danos. Isso é claramente ser rebelde e bruto. Um erro não significa mal e é algo para aprender.

Se um inventor nunca cometeu um erro porque temia a idéia, como aprenderia a seguir em frente com o erro? O medo é uma reação natural à maioria das coisas que envolvem novos aspectos da vida. Erros abrem novas possibilidades, novas portas e afiam quem você é, algo que algumas pessoas não querem.

Tomar a iniciativa de fazer uma mudança e entender que os erros serão cometidos ao longo do caminho é uma parte de toda a história. A próxima parte é admitir esse erro. Pode ser embaraçoso, pode ser aterrorizante. Esses sentimentos vêm da sua influência afetada de outras pessoas ao seu redor.

única coisa que você precisa saber é que a única opinião que importa é a sua. Este é o seu erro e ninguém pode recuperá-lo. Ouvir palavras de outras pessoas pode ajudá-lo ou não. É o que você faz a si mesmo que importa no final.

Explorar o erro e deixá-lo insultar não é uma maneira lucrativa de tomar as coisas. Admitir, aceitar e aprender com isso são as ações reais das quais você se beneficiará. Depois de deixar o erro, você pode ganhar com isso. O que você aprendeu e como você pode superar esse erro novamente? O ditado é verdadeiro, sem qualquer dor, nunca haverá nada a ganhar.

6

MISCONCEPTIONS ABOUT MOTIVATION

Capítulo 6

Equívocos sobre motivação

:redite ou não, existem maneiras erradas de abordar a motivação, mas mais
ma vez você sempre pode aprender com os erros que comete. Como a
otivação vem da mente, é possível pensar demais na motivação. Mas a
otivação não é algo que você precisa conquistar para alcançá-la.

motivação vem naturalmente, semelhante à adrenalina. Não é tão poderoso
ianto a adrenalina e não vaza apenas quando você está em perigo ou excitado.
n vez disso, está sempre disponível para você, como uma mão encorajadora, a
ir tapinhas nas suas costas.

imbém não é obrigatório sentir como se você estivesse sempre motivado.
ıcê sempre pode fazer uma pausa na motivação para não fazer algo
travagante e se submeter a estar cansado. Descansar ou parar de buscar algo
e dá tempo para se preparar para a próxima onda de motivação que você
ıssa ter. Mas as pessoas tendem a

ler a motivação errado. Aqui estão alguns equívocos comuns em torno da motivação.

Você está sozinho

Pode parecer que sim, mas você nunca está sozinho. Você sempre pode pedir ajuda ou conselhos a alguém sobre como fazer algo. Com um mundo de 7,7 bilhões de pessoas em expansão, não deve ser difícil encontrar uma pessoa em que você possa confiar. Todo mundo tem sua própria perspectiva e, às vezes, ajuda a obter uma segunda opinião.

Quando você precisa de um empurrão, sempre pode pedir ajuda a alguém. Projetos pessoais podem significar que sim, você precisa agir por conta própria, mas sempre pode pedir conselhos, dicas ou favores a outras pessoas.

Um problema que a maioria das pessoas tem é que elas sentem que não há ninguém para elas. Família, amigos e colegas de trabalho estão muito longe do alcance e, portanto, eles não veem nenhum ombro a quem recorrer. A verdade que a maioria das pessoas fica feliz em ajudar. É um instinto natural tentar ajudar.

uando você vê uma criança, não quer embalá-la e dobrar seus lençóis para
ıe fique quente? É instinto nosso ajudar, não importa o quão relutante você
ɔssa

se mostrar. Fornecer algum tipo de suporte não é difícil, mesmo que seja apenas uma palavra consoladora.

Nunca se sinta como se todos estivessem de costas, porque as pessoas sempr estarão lá para você, desde que você possa fazer o mesmo por elas. Isso nã significa que todo favor que você faz é olho por olho, significa simplesment que, quando alguém precisa de ajuda, fique à vontade para dar uma mão po gentileza. Eles podem estar mais dispostos a ajudá-lo mais tarde, quando voc precisar.

Obviamente, é preciso uma motivação diferente por conta própria par abordar pessoas ou pessoas para se comunicar com elas, mas a interação natural. A solidão o deixa triste e introvertido. Sair do seu caminho par conhecer pessoas e fazer amigos é uma coisa boa e, como todas as coisas requer um pouco de incentivo.

Você precisa empurrar

ocê não precisa de alguém para empurrá-lo para fazer algo. Você pode fazer
ualquer coisa quando seu coração realmente deseja, você só precisa vê-lo.

lgumas pessoas acham que a mudança precisa ocorrer primeiro para que algo
traente aconteça com elas. Isso não é totalmente verdade. É verdade que a
nudança significa que algo diferente precisa acontecer. Quando a mudança
corre, você se motiva a acompanhar o mundo em mudança ao seu redor,
orque você precisa.

Da mesma forma, a mudança não precisa necessariamente vir primeiro. Às vezes, a motivação pode ser o impulso para incentivar a mudança. É fácil culpar outra coisa, em vez de admitir seus próprios defeitos. As pessoas costumam dizer que nada acontece em suas vidas chatas, então não têm nada para fazer.

É este realmente o caso? Ou ignoramos frequentemente nosso eu ambicioso, constantemente nos fixando à perspectiva realista? Normalmente, esse é o caso, que evitamos nossos próprios pensamentos de motivação, inspirações e aceitamos que eles não podem ser alcançados.

Fazendo isso, você está no trem de mão única para a tristeza. Os dias lentamente se tornarão sem sentido, tudo porque você estava esperando um empurrão e empurrá-lo para seus pés. Se você não consegue se sustentar, quem fará isso por você?

O impulso que nos leva já está construído dentro de nós e é chamado de motivação. Motivação é o impulso com o qual nos empurramos para fazer as coisas.

As únicas pessoas encarregadas de nossas vidas somos nós, não aquelas que apontam dedos e dirigem ordens. Tome essas ordens se você ve, mas não deixe que eles o impeçam de se esforçar ao máximo.

Você precisa de motivação para grandes passos.

cê precisa de motivação para qualquer passo! Ao se manter motivado, você todos os passos necessários para alcançar a máquina de café na cozinha. cê dirige o máximo que precisa para chegar ao seu escritório porque está otivado para começar a trabalhar.

nguém pode ver o quão importante é a motivação, porque nós a roveitamos todos os dias. É a voz nos dizendo que horas são, onde ecisamos estar, porque esses são os motivadores diários que nos mantêm em ovimento. Nós nem percebemos quando eles estão agindo em nossa mente, rque eles trabalham silenciosamente.

levamos em conta nossa motivação quando estamos tentando nos esforçar ra fazer algo fora do caminho. É como se houvesse um motor em ncionamento em nossas mentes, mas tijolos nos pés. Algo fora do seu mportamento diário requer um pouco mais de motivação.

Se você quiser fazer alguma coisa, sua motivação, já está em ação. Vá à biblioteca para comprar um livro, tome um café com seus amigos, compre uma roupa nova, todos eles significam que a motivação está levando você adiante.

Se você já se sentiu letárgico ou viu alguém vivendo a vida como um zumbi sem rumo, então viu como seria uma vida sem motivação. Você não seria capaz de ver a recompensa depois do trabalho. Levantar-se pareceria muito trabalho e fazer trabalho pareceria muito incômodo.

Nenhuma motivação significa que não há ambição, paixão ou resultado final pelo qual esperar. Por que você se incomodaria em fazer algo sabendo que não conseguiria nada com isso? É assim uma vida sem motivação, você nunca se sente bem.

Quando você se lembrar do que a motivação faz para você todos os dias, considere o quanto você alcança diariamente.

Imagine um animal na natureza sem uma idéia direta do que acontecerá no dia e se ele viverá outro. A humanidade se desenvolveu a tal ponto que podemos finalmente prever as conseqüências de nossos dias por meses, até anos vindouros.

ocê faz parte desse sistema, onde se encaixa em um fluxo em uma vasta linha

 ações coordenadas para continuar o equilíbrio sintético em um mundo cruel.

 isso não for suficiente para fazer você sorrir, lembre-se de que ninguém pode

mar o lugar que você criou para si mesmo no mundo e ninguém pode viver

ia vida melhor do que você.

ido precisa de motivação. Um sorriso significa mover seus músculos, viajar

gnifica tomar uma iniciativa para elaborar seu plano e se envolver. Nada fica

or virar quando você está motivado.

CHAPTER 7

HOW CAN YOU KEEP YOURSELF MOTIVATED?

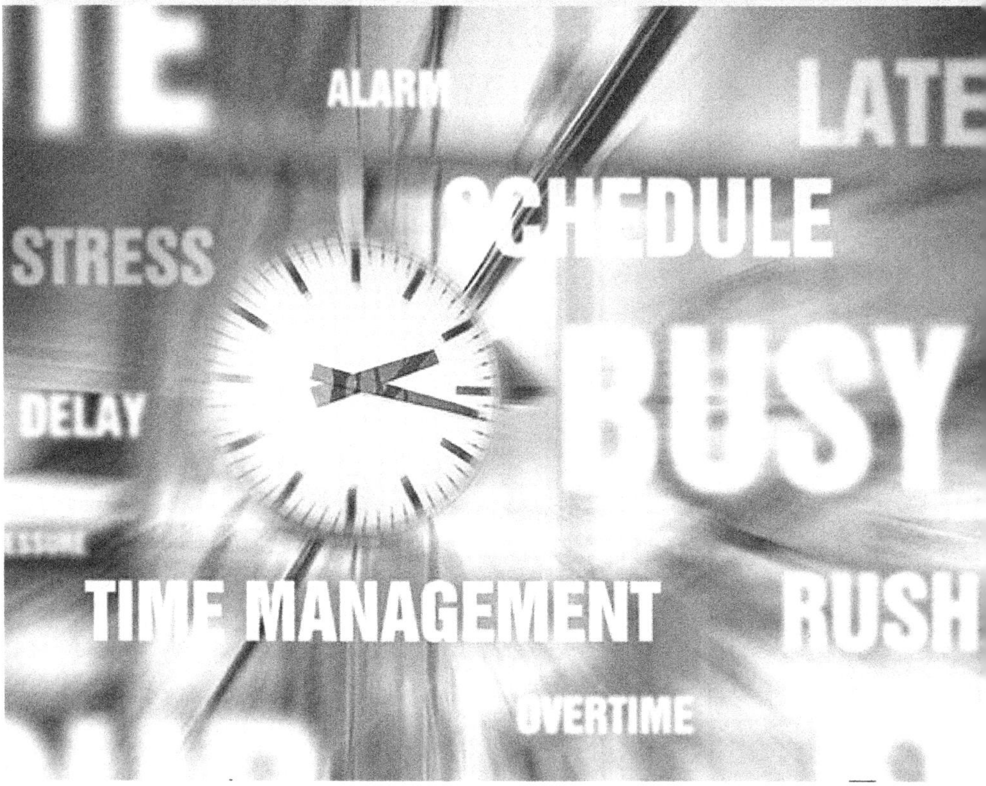
ALARM
LATE
SCHEDULE
STRESS
BUSY
DELAY
TIME MANAGEMENT
RUSH
OVERTIME

Capítulo 7

Como você pode se manter motivado?

Ser uma pessoa motivada a buscar a excelência e desfrutar do buffet da vida é uma escolha. Muitas vezes, a motivação dura apenas um minuto, uma hora ou um dia. Raramente você encontrará alguém que mantenha essa motivação ou conduza por semanas, meses ou anos. Como garantir que você permaneça motivado na vida, é uma situação totalmente diferente.

Manter essa ignição para alimentar seu próprio fogo não é tão fácil quanto jogar toras na lareira. Como você está trabalhando com a mente aqui, esses registros são emoções e ambições, e a fumaça deve ser seu pensamento cortante de dúvida saindo pela chaminé.

Há muitas maneiras pelas quais as pessoas tentam se manter motivadas e lembradas da tarefa a realizar.

Quando você tenta se manter motivado, precisa pensar no plano a longo prazo. Há muito o que enfrentar na vida, e coisas novas sempre aparecerão no seu prato. Para se manter motivado, você deve poder lavar o prato para servir o que deseja.

Priorizar

Examine todos os planos que você tem e veja qual deles precisa ser feito primeiro. Isso pode significar dar à casa uma nova camada de tinta, fazer uma casinha de cachorro ou brincar de caneta. Planos a longo prazo, como sair de férias, podem esperar outra hora. Questões materiais que afetam o presente são as questões em que você deve se concentrar mais.

Lembre-se de qualquer coisa a longo prazo, para a qual você pode se preparar enquanto trabalha em outra coisa, mas não como uma prioridade. Somente quando as coisas em termos futuros se tornam presentes, elas obtêm o benefício de serem priorizadas.

Para simplificar, tarefas menores devem ser executadas primeiro, para que não atrapalhem. Registre-se para aulas de idiomas ou em uma academia.

ses pequenos compromissos podem ser feitos primeiro para que eles fiquem ra do caminho.

mais relatável dos exemplos seria perder peso. Uma vez na vida de todos, as ssoas pensaram em trabalhar em sua aparência física. Priorizar isso significa e quaisquer outros projetos de longo prazo terão que ser posteriores, pois o exige toda a sua atenção.

enas 20 minutos é o que você precisa para começar. Ninguém pode começar e exercitar como um campeão de levantamento de peso. Ainda assim, se você er outras preocupações em mente, pode escorregar e esquecer de trabalhar mo uma prioridade.

Depois de ter os exercícios enraizados na sua agenda, você pode tentar aplicar outros planos de longo prazo no seu dia. Outras coisas, como equipamentos e uma mudança na dieta, são coisas que você faz antes mesmo de começar a se exercitar. Priorize a compra do equipamento essencial necessário e troque carboidratos e calorias vazias por frutas maduras saudáveis e todos os batidos caseiros naturais.

Planejando suas etapas

uando a motivação é combinada com o planejamento, ela se torna uma
rmula infalível para vencer.

ontinuando com o exemplo de perda de peso, o próximo passo seria planejar
as etapas para explorar sua agenda. Planejar suas etapas pode significar uma
se diária, ou você pode fazer um plano semanal. A primeira coisa a fazer é
contrar espaços vazios dentro de sua rotina.

bra espaço para sua atividade diária de condicionamento físico para que você
ssa fazer a rotina com seus exercícios. Em outros casos além deste, descubra
anto tempo sua atividade levaria e encontre esse tempo consecutivo em sua
ogramação.

epois de encontrar o tempo para todas essas coisas, comece com pequenos
ssos. Faça a versão mais simples do que você deseja fazer para se apresentar
 seu novo hobby. Para exercícios, seria o treino cardio mais simples para ter a
nsação do que você está se metendo.

m seguida, enquanto você pega o jeito do seu novo hobby / atividade, tente
licionar mais tempo e desafios à sua sessão diária, tornando-o mais

interessante. Continue assim até finalmente enraizá-lo em sua rotina diária.

Outros objetivos, como fazer planos, também levam tempo e planejamento. Primeiro vem a pesquisa e depois a ação para se preparar para o plano. A mesma estratégia se aplicaria ao planejamento, digamos, férias. A única diferença aqui seria, em vez de torná-lo mais desafiador, você se aproxima de seu objetivo dia a dia até finalmente alcançá-lo.

Planejar algo diferente de um passatempo significa que você não vai persegui-lo uma vez alcançado, portanto, não há necessidade de continuar segurando. Em vez disso, o que você gostaria de fazer é fazê-lo o mais rápido possível, para que não permaneça onde você não precisa. Lembre-se disso quando diferencia possíveis hobbies e planos simples únicos. Quando você planeja seus planos, todo o resto se alinha naturalmente.

Continue na pista

Depois de ter o plano de como seguir esse hobby , tudo depende da sua própria iniciativa de continuar. Fazer um plano é muito mais fácil do que seguir o plano para algumas pessoas, e é por isso que essa é a parte mais difícil.

Retire-se de qualquer outra atividade até que você consiga se apossar desta primeira. Se você tentar se exercitar e de repente decidir que vai praticar patinação no gelo, isso vai acabar com sua dedicação à perda de peso. Você se distraiu e agora voltar significa voltar à estaca zero, o que pode desencorajar as pessoas facilmente.

Sem dedicatórias paralelas. Concentre-se apenas no que você precisa fazer. Fazer um plano para as férias significa que você se apega a esses planos e trabalha com eles de antemão, não nas férias. Planeje e conclua o planejamento mais rápido possível, para que não haja procrastinação e alterações de última hora.

É difícil dedicar-se a algo e torná-lo um hábito. Você pode desistir em algum momento da estrada, mas sempre há tempo para voltar e tentar novamente. A vida tem um significado e nunca é demais manter-se no final.

Sabendo que você alcançou algo excelente e se recompensou constantemente por todas as pequenas vitórias, o hábito vem naturalmente. Mais cedo ou mais tarde, você se encontrará automaticamente na academia ou levantando pesos em casa, porque se tornou uma rotina natural que o fortalece.

Até então, você saberá que alcançou o que queria e poderá mudar para algo novo, se for o que deseja.

Recompensando-se

Não há exceções para este. Todo mundo merece se sentir realizado, mesmo se tudo o que você fez foi interromper um mau hábito ou começar um melhor. Todo mundo realiza as coisas em seus próprios níveis. Cada nível é um novo passo para o autodesenvolvimento e quem tem o direito de ignorar isso?

Quando você atingir seus objetivos, comemore. Obter o ideal que você queria significa muito. Recompensar a si mesmo faz você se sentir bem consigo mesmo e isso fortalece sua moral. Isso significa que você aumenta a confiança e, por extensão, mais motivação para alcançar.

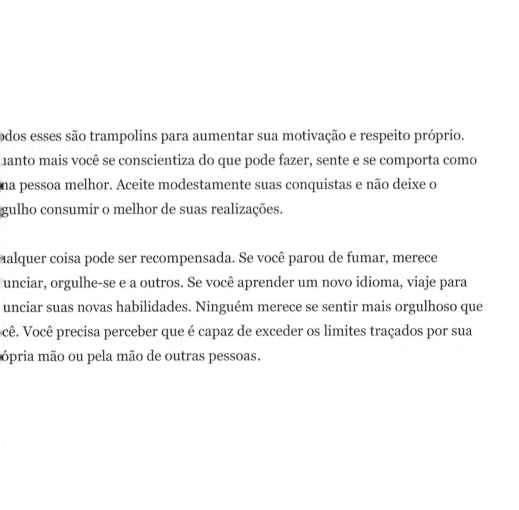

)dos esses são trampolins para aumentar sua motivação e respeito próprio.
uanto mais você se conscientiza do que pode fazer, sente e se comporta como
na pessoa melhor. Aceite modestamente suas conquistas e não deixe o
gulho consumir o melhor de suas realizações.

ualquer coisa pode ser recompensada. Se você parou de fumar, merece
unciar, orgulhe-se e a outros. Se você aprender um novo idioma, viaje para
unciar suas novas habilidades. Ninguém merece se sentir mais orgulhoso que
cê. Você precisa perceber que é capaz de exceder os limites traçados por sua
ópria mão ou pela mão de outras pessoas.

CHAPTER **8**

MOTIVATION; THE HERO AND THE VILLAIN

Capítulo 8

Motivação: O Heroí e o Vilão

perspectiva final para entender sobre motivação é que ela não apenas
centiva você a fazer algo, mas também pode encorajar a não fazer algo. Pode
udá-lo a superar medos e bloqueios, além de ser a base de outras áreas da
da.

motivação ajuda você a prosperar com o chute que ele tem a oferecer, mas às
ezes esse chute não é para a frente; é para trás. Nem sempre é ruim dar um
asso atrás. Às vezes, sua motivação garante que você se mantenha longe de
oisas perigosas e ruins.

Motivar-se a fazer algo

uando você se motiva a fazer algo, é algo que anseia. Você está disposto a
ntar realizar o que deseja. A motivação leva você ao que quer fazer.

Motivar-se a fazer algo significa que você corre em direção a uma meta e sua motivação o leva a chegar lá. O que você quer é bom para você e você o obtém para seu próprio benefício.

Pode parecer confuso ver a linha entre a motivação contra e a favor de um ato ou comportamento; portanto, vamos explorá-la com mais profundidade. Há um ato de motivação em que você está sendo empurrado em direção a algo e, em seguida, o ato de ser puxado ou empurrado para longe de outro.

Motivar-se a fazer algo pode ser por exemplo: aprender um novo idioma. Você tem algo a ganhar com isso e, portanto, persevera nisso. Você quer aprender e desenvolver uma nova habilidade para se dirigir à linha de chegada. Depois de ter a nova habilidade, você a terá pelo resto da vida.

Motivar-se para longe de algo significa que você se afasta disso, para longe de um ato ou comportamento. Se você costuma ficar com raiva ou agitado e tentar controlá-lo, motivará a se afastar da emoção da raiva. Tentar fazer da raiva um dos seus últimos recursos, e não o primeiro, significa que você está abandonando seu hábito regular.

Quando você se acostumar a usar outras emoções primárias, sempre desejará entar se afastar da raiva que exerce. Nesse caso, você está fugindo de seus omportamentos ou ações, em vez de se aproximar deles.

Essa é a diferença entre a motivação o empurrando e o afastando. Às vezes, é melhor fugir ou deixar algo, em vez de abraçar sua natureza imprópria. A motivação pode ajudá-lo a empurrar e puxar, e nas suas melhores intenções.

Motivar-se a não fazer algo

Antes de divulgar essa teoria, é essencial compreender que a desmotivação e a motivação trabalhando contra uma ação, são diferentes. Às vezes, pode parecer mesma descrição e definição, mas motivar-se indefinidamente não é a mesma coisa que desmotivar-se.

Desmotivar-se para algo significa que não há vontade de realizar esse ato específico ou mesmo qualquer ato. Quando você está desmotivado, deseja fazer algo, mas suas emoções e pensamentos o convencem de que você não pode azê-lo, não importa o quanto anseie por isso.

Quando sua motivação se opõe a um ato ou comportamento, isso significa que você evita-o de bom grado. Você não quer fazer algo, porque isso é contra o que você acredita e, portanto, sua motivação o ajuda a evitar a bala.

Portanto, quando você compara as duas mãos, a desmotivação o livra de qualquer disposição de agir, enquanto se motiva contra algo, permite que sua disposição de agir contrária a essa ação. A motivação ainda o empurra para fazer o que você quer neste caso, mas apenas o afasta.

A desmotivação seria aplicada em um caso em que você deseja fazer ou ter algo, mas se sente insatisfeito ou capaz de fazê-lo ou obtê-lo. Tome o tabagismo como um exemplo fácil de entender. Quando alguém deseja parar de fumar, há duas maneiras de fazê-lo.

Uma seria que eles se sentem incapazes de desistir. Embora eles saibam que existe uma maneira de combatê-lo, eles não se sentem proficientes o suficiente para chegar ao fim e se render e desmoronar. Isso é desmotivação. Não importa o quanto você tente, o seu próprio eu trabalha contra você, deixando-o desleixado e sem o desejo de perseguir sua ambição.

ma estrada diferente a seguir seria chegar até o fim, onde você pode nalmente parar de fumar. Essa é a força da sua motivação que o impede de mar, garantindo que você nunca faça isso novamente depois de ter parado. otivação contra algo ainda é motivação, só que desta vez o impulso que você cebe é tirá-lo de uma situação ou local ruim.

otivar a si mesmo para ficar longe de pessoas más ou longe de áreas perigosas o exemplos de motivação puxando você para fora em vez de empurrá-lo para ntro. Por que você acha que evitamos nossos medos tão bem? É porque tamos motivados.

A importância dos pros e contras

tomar qualquer decisão, é sempre de natureza melhor que você considere dos os prós e contras que podem seguir qualquer ação. Há sempre um outro do na história e para garantir que ninguém se machuque com sua escolha, nsiderando que a imagem maior é essencial para fazer escolhas mais sábias.

go que você considere divertido e bom para você pode afetar os outros ao seu dor. Se você preferir sair todas as noites do que ficar em casa, pense nos dois dos da história.

xiste a sua história e o que você ganha com ela, e o que os outros ganham ou rdem com ela.

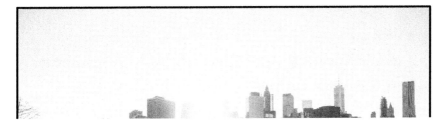

Para você, significa que você sai e se diverte com os amigos. Talvez aproveite ar livre ou vá a um clube que é divertido e bom. Para o seu lado da história esses seriam profissionais.

Os amigos com quem você sai também estão se divertindo muito, tornando todas as noites uma explosão. Para finalizar, todos vocês aproveitam o tempo juntos, e isso é o que torna tudo ainda melhor.

epois, há as pessoas em casa. Eles não estão gostando da diversão e dos jogos, n vez de ficar em casa à noite. Eles podem ficar chateados por você não estar , eles podem se sentir deixados de fora ou até preocupados com onde você vai das as noites. Para eles, isso seria um golpe.

so também deve afetar você como um trapaceiro, já que as pessoas em sua sa fazem parte de sua responsabilidade. Se eles estão preocupados com você, gnifica que você está criando uma brecha entre você e sua casa. Se você nsiderar tudo isso antes de fazer uma escolha, poderá tomar uma decisão lucada melhor e mais rápido, em vez de agir irracionalmente por instinto.

melhor jogada a ser feita aqui é criar planos coordenados com os quais todos ossam concordar. Tente incluir tantas pessoas quanto possivel para que essas ites não façam com que ninguém se sinta excluído ou compensem quem não i.

s pessoas geralmente cedem à pressão dos colegas com a motivação de serem eitas socialmente. Isso pode levá-los a fazer escolhas que não são de sua tureza, mas apenas o fazem para obter aceitação nos círculos sociais. gumas crianças podem começar a intimidar, outras passam a fumar ou usar bstâncias apenas para parecer "legais", motivadas pelo desejo de serem eitas.

Existem prós e contras em todas as nossas opções. Na maioria das vezes, não temos controle de como alguém verá essas opções. Eles podem pensar nisso como uma má ideia enquanto você não. Temos que nos contentar com o melhor que podemos fazer, certificando-nos de que tantas opções sobre as quais temos controle tenham profissionais superando os contras.

Conclusão

evolução de sua própria personalidade vem da motivação que faz você se sforçar para se tornar uma pessoa melhor. A mudança surge sempre que escobrimos possibilidades atraentes.

rros devem ser cometidos para que você aprenda a permanecer em pé quando aímos. Mesmo depois de tudo, nada superará a sensação de ter alcançado seus bjetivos. Quando tudo acaba, você sabe que sua motivação foi recompensada o final, tornando a sua experiência frutífera.

ndependentemente de mantê-lo ou impedi-lo de fazer algo bobo, a motivação xiste para ajudá-lo a realizar. Isso ajudará a clarear sua mente e a mostrar o ue você realmente deseja da vida, e todos os seus lançamentos e curvas, cantos fiados que levam a novas estradas e experiências. A motivação está nas suas ãos.

Printed in Great Britain
by Amazon

83869194R00048